Nicole Gesierich
Die kleine Schnecke
plus Phantasiereise zu den Sternen

Über die Autorin

Nicole Gesierich, 1982 in Essen geboren, lebt gemeinsam mit ihrer Patchworkfamilie (3 Kinder) in Meerbusch. In ihrer Tätigkeit als Kinder- und Jugendcoach trifft sie häufig Kinder, sowohl im Kindergarten, als auch in der Schule, die mit Selbstzweifeln kämpfen, sich nicht gut genug fühlen oder nicht den Mut haben, ihr Potenzial zu entfalten. In ihren Einzel- oder Gruppencoachings, zeigt sie den Kindern Wege und Möglichkeiten, wie sie selbstbewusst, gestärkt, ruhig und entspannt durch ihr Leben gehen können.

*Ihr Wunsch ist es, dass die Kinder mit der Selbstsicherheit **"Ich bin gut so wie ich bin"** durch ihr Leben gehen. Dafür hat sie dieses Buch geschrieben und gemeinsam mit vier Grundschulkindern gestaltet. So haben Sie als Eltern oder Wegbegleiter der Kinder eine tolle Geschichte an der Hand, die ihnen zum Einen Zeit mit dem Kind schenkt und zum anderen den Kindern den Mut gibt, weiter ihren Weg zu gehen.*

Die zusätzliche Phantasiereise hilft bei der Entspannung – und dabei nicht nur den Kindern.

Nicole Gesierich

Die kleine Schnecke

Eine Geschichte in Zusammenarbeit
mit Kindern, für Kinder

Bibliografische Information der Deutschen Nationalbibliothek:
Die Deutsche Nationalbibliothek verzeichnet diese Publikation in der Deutschen Nationalbibliografie; detaillierte bibliografische Daten sind im Internet über http://dnb.dnb.de abrufbar.

© 2016 Nicole Gesierich
Herstellung und Verlag:
BoD –Books on Demand, Norderstedt

ISBN: 9-783-7431-1587-3

Dieses Buch widme ich meiner lieben Oma, die mir und meiner Schwester abends die Geschichte der kleinen Maus erzählt hat und so den Wunsch, in mir hat groß werden lassen, auch mal so schöne Geschichten zu erzählen.

Vorwort

Warum ich Entspannung für Kinder so wichtig finde: Ich könnte Ihnen jetzt hier einen seitenlangen Text über die Wichtigkeit von Entspannung präsentieren. Ihnen sagen, wie sehr sich Kindergarten und erst recht die Schule verändert hat und dass der Leistungsdruck für unsere Kinder und die Anforderungen an unsere Kinder immer größer werden.

Aber das wissen Sie. Aus diesem Grund habe ich mich dazu entschlossen, Ihnen einfach die Vorteile der Entspannung aufzuzeigen. Ich glaube wir sollten uns häufiger auf die positiven Dinge im Leben fokussieren, als immer auf die dunklen Flecken, die zu jedem Leben dazu gehören.

Dazu eine schöne Geschichte:
Ein Professor hat in einer Uni den Studenten zu Beginn der Stunde mitgeteilt, dass sie nun einen unangekündigten Test schreiben würden. Dazu legte er ihnen ein Blatt mit einem schwarzen Punkt in der Mitte vor, mit der Aufgabe, sie sollen beschreiben, was sie sehen. Alle Studenten beschrieben den schwarzem Punkt, bis ins kleinste Detail, aber niemand äußerte sich zu dem größten Anteil des Blattes, nämlich die weiße Fläche, die um ein vielfacher größer war, als der schwarze Punkt in der Mitte des Blattes.

Was möchte ich Ihnen damit sagen? Schauen Sie in ihrem Leben auf die schönen Momente, auf das, was gut läuft und ihnen Freude macht.

Entspannung wirkt sich immer positiv auf Körper und Geist aus. Es kann nicht schaden, einfach mal zur Ruhe zu kommen, den Alltag Alltag sein zu lassen und seiner Phantasie Raum und Zeit zu geben. Probieren Sie es einfach aus und schauen Sie, in wieweit sich die Entspannung positiv auf ihr Kind auswirkt und vielleicht bemerken auch Sie eine positive Veränderung bei sich selbst.

Wir kümmern uns immer darum, dass es unseren Kindern, unserem Partner, der Familie, dem Chef, etc. gut geht und vergessen ganz häufig uns selbst. Vielleicht ist dieses kleine Buch auch für Sie ein Schritt zu ein wenig mehr Ruhe und Entspannung. Auf der nun folgenden Seite, habe ich ihnen eine kleine Aufzählung erstellt, die einige der positiven Aspekte von Entspannung aufzeigt.

Falls Sie gerne mehr über mich und meine Arbeit als Kinder- und Jugendcoach erfahren möchten, finden Sie weitere Informationen auf meiner Homepage: www.NicoleGesierich.de

Positive Auswirkungen der Entspannung bei Kindern

- Kinder haben Spaß mit den Phantasiereisen
- Kinder werden selbstbewusster
- Kinder können besser / schneller einschlafen
- Kinder fühlen sich gestärkt
- Kinder lernen besser mit ihrer Wut umzugehen
- Kinder sind ausgeglichener
- Entspannung fördert die Kreativität des Kindes
- Durch ein entspanntes/ausgeglichenes Kind kann auch das Familienklima ruhiger werden
- Kinder lernen einen Lösungsweg bei Stress kennen
- Durch selbstbewusstes Auftreten werden die Kinder seltener zur Angriffsfläche von Mobbing
- Kinder können leichter lernen und das gelernte Wissen abrufen

Die kleine Schnecke

Es war einmal eine kleine Schnecke. Sie lebte in einem wunderschönen Wald, hoch oben auf einem Berg.

Sie konnte sich keinen schöneren Ort vorstellen, als diesen.

Dort sangen die Vögel;

Igel versteckten sich im Laub,

Eichhörnchen kletterten die Bäume rauf und runter, sprangen von Baum zu Baum und suchten im Herbst Nüsse auf dem Waldboden.

Ihr Lieblingsort in dem Wald war aber eine große, alte Eiche. Von hier aus hatte sie einen wundervollen Blick auf den Wald und zudem war es das Zuhause der weisen Eule.

Und weil sie sich so wohl fühlte, hätte sie gerne einen Freund gehabt, mit dem sie ihre tollen Erlebnisse teilen konnte.

Eines Tages kam eine Nacktschnecke vorbei und die kleine Schnecke freute sich - noch eine Schnecke, das wäre doch ein perfekter Freund, dachte sie. Also nahm sie all ihren Mut zusammen und sprach die Nacktschnecke an: "Hallo Frau Nacktschnecke, hätten sie nicht Lust meine Freundin zu sein? Dann könnten wir gemeinsam den Wald erkunden und tolle Abenteuer erleben.", sagte die kleine Schnecke. "Guten Tag kleine Schnecke, danke für das Angebot, aber leider seid ihr zu langsam und außerdem viel zu ängstlich, denn sonst hättet ihr ja euer Haus nicht ständig dabei. Ich hingegen kann viel schneller kriechen und würde mich viel zu sehr langweilen, wenn ich so langsam durch den Wald kriechen würde, wie ihr es tut. Einen schönen Tag noch.", antwortete die Nacktschnecke und war ganz schnell wieder weg.

Das machte die kleine Schnecke jetzt aber traurig. Die kleine Schnecke verstand gar nicht, warum Frau Nacktschnecke so gemein zu ihr war. „Wir sind doch beide Schnecken und könnten gute Freunde sein.

Und mein Haus ist doch auch nützlich, denn wenn es regnet habe ich immer ein schützendes Dach über meinem Kopf und mir kann nichts passieren.", dachte sich die kleine Schnecke.

Aber die kleine Schnecke gab nicht auf. Sie begegnete auf ihrem Weg durch den Wald einer Ameise, die ein Blatt auf ihrem Rücken trug.

"Guten Tag liebe Ameise. Ich bin gerade im Wald unterwegs. Hast du Lust mich zu begleiten? Vielleicht können wir gemeinsam etwas schönes erleben.", sagte die kleine Schnecke.

"Hallo kleine Schnecke, entschuldige bitte, aber ich habe keine Zeit, denn ich muss schnell das Blatt in den Ameisenbau bringen und danach weitere sammeln. Wie du siehst ist da keine Zeit für dich." "Wie schade, dann hab viel Erfolg bei der Arbeit.", konnte die kleine Schnecke gerade noch sagen, bevor die Ameise komplett verschwunden war.

So machte sich die kleine Schnecke wieder auf ihren Weg durch den Wald und erfreute sich an den wunderschönen Farben des Waldes. Der Boden war so weich und es roch hier so schön. "Ach wenn ich das alles doch nur mit jemandem teilen könnte", dachte die kleine Schnecke.

Kurz nachdem sie das dachte traf sie einen kleinen Marienkäfer. "Hallo Herr Marienkäfer, sie sehen aber schön aus. Ich bin gerade auf dem Weg durch den Wald.

Haben sie Lust mich zu begleiten?", "Guten Tag kleine Schnecke, vielen Dank für die netten Worte. Ich bin jedoch ein Marienkäfer und schaue mir den Wald aus der Luft an. Leider hast du keine Flügel und kannst mich nicht begleiten. Aber hab noch einen schönen Tag." summte er und machte sich auf in die Luft.

Ein wenig traurig darüber, dass sie niemanden gefunden hat, mit dem sie ihren Tag verbringen konnte machte sie sich auf den Heimweg zur alten Eiche. Dort würde sie hoffentlich die alte Eule treffen und mit ihr noch ein wenig sprechen können.

Ihr Wunsch ging in Erfüllung und die weise Eule saß auf dem Ast der alten Eiche.

"Hallo kleine Schnecke, warum guckst du so traurig?", fragte die Eule. "Hallo liebe Eule.", antwortete die kleine Schnecke, "Ich bin heute durch den Wald gekrochen und habe mir all die schönen Bäume und Tiere im Wald angesehen. Doch leider war ich ganz alleine, konnte die schönen Dinge mit niemandem teilen und die Tiere, die ich getroffen habe, wollten mich nicht begleiten. Die Nacktschnecke fand mich zu langsam, die Ameise musste arbeiten und hatte keine Zeit und der Marienkäfer schaut sich den Wald lieber aus der Luft an. Ich wünsche mir so sehr, dass ich jemanden finde, der mit mir durch den Wald geht und ich nicht mehr so alleine bin." "Ach kleine Schnecke, sei nicht traurig. Ich bin mir sicher, dass du eines Tages jemanden finden wirst, der dich begleitet.", tröstete die Eule. "Das hoffe ich. Aber jetzt bin ich leider sooooo müde, dass ich schlafen muss. Wie schade, dass du nur Nachts wach bist und wir zwei nicht gemeinsam durch den Wald streifen können.", murmelte die kleine Schnecke, bevor sie einschlief.

Frisch und munter wachte die kleine Schnecke am nächsten Morgen wieder auf. Insgeheim hoffte sie, dass die Eule noch wach ist und sie ihr von ihren Erlebnissen des letzten Tages erzählen könne. Doch wie an jedem Morgen war die Eule auch heute schon in ihrem Bau und schlief.

So machte sich die kleine Schnecke auf den Weg und wählte für ihr Frühstück ein leckeres, saftiges Blatt.

Gestärkt und voller Energie kroch sie weiter. Heute wollte sie sich den See anschauen und sehen, ob sie dort jemanden findet, der sie begleiten möchte.

"Quak, Quak" hörte sie es. Ein Frosch stand plötzlich vor ihr. "Vielleicht ist der Frosch ja der richtige Begleiter für mich", dachte die kleine Schnecke, nahm ihren ganzen Mut zusammen. "Hallo Herr Frosch. Sie haben mich ganz schön erschreckt. Aber vielleicht haben sie ja Lust den heutigen Tag mit mir zu verbringen und um den See zu kriechen."

"Quak", antwortet der Frosch, "Entschuldige kleine Schnecke, ich wollte dich nicht erschrecken. Um den See kriechen ist leider nichts für mich. Ich hüpfe und schwimme am liebsten durch den See und dann sitze ich gerne noch auf den schönen Seerosenblättern und genieße die Sonne. Außerdem ist dort der beste Platz um leckere Fliegen zu fangen. Hab aber einen schönen Tag am See." sagte er und sprang zurück auf sein Seerosenblatt.

Da der Frosch nun wieder zurück im See war, machte sich die kleine Schnecke alleine weiter auf den Weg um den See. Der See war so schön blau und klar, dass man bis auf den Boden sehen konnte. Die kleine Schnecke kroch bis an den Rand des Sees und schaute hinein. Wunderschöne Fische waren dort zu sehen. Sie funkelten und leuchteten in vielen schönen Farben.

Doch die Fische interessierten sich gar nicht für die kleine Schnecke. Stattdessen schwammen sie einfach an ihr vorbei, als sei sie gar nicht da. Nur ein einziger Fisch schaute sie kurz an und meinte: "Hier im Wasser ist es so schön. Schade, dass du nicht schwimmen kannst." und tauchte wieder ab. Die kleine Schnecke setzte ihre Reise fort.

Plötzlich wurde die kleine Schnecke ganz traurig. Sie fühlte sich so alleine. "Warum möchte denn niemand den Tag mit mir verbringen? Was mache ich nur falsch? Sehe ich so komisch aus,
mit meinem Haus auf dem Rücken?" So viele Fragen kamen der kleinen Schnecke auf und weil sie so traurig war kamen ihr die Tränen und sie musste ganz fürchterlich weinen.

"Warum weinst du denn?" hörte die kleine Schnecke auf einmal. Sie wischte sich die Tränen aus den Augen und da stand sie - eine schöne Schildkröte.

"Hast du mich gemeint?", fragt sie die Schildkröte verwundert. "Natürlich meinte ich dich. Außer dir weint hier doch niemand. Was hast du denn, dass du an einem so schönen Tag, an dem die Sonne scheint, der See so schön glänzt, die Vögel singen und die Blätter im Wind tanzen weinst?"

"Ach weißt du", schniefte die kleine Schnecke noch immer ganz traurig, "ich bin so alleine und niemand mag mich und möchte den Tag mit mir verbringen. Für die einen Tiere bin ich zu langsam, die anderen finden mein Haus auf dem Rücken schlecht. Die Ameise muss den ganzen Tag arbeiten und der Marienkäfer fliegt lieber durch die Luft. Auch hier am See hatte ich nur Pech. Der Frosch hüpft lieber auf das Seerosenblatt und die Fische haben mich erst gar nicht gesehen. Deshalb bin ich so traurig, denn ich mag nicht mehr alleine sein."

Darauf sagte die Schildkröte: "Ich hätte Zeit und würde gerne mit dir zusammen den Tag verbringen. So wie es sich anhört, haben wir vieles gemeinsam. Ich bin auch nicht die Schnellste und mein Haus habe ich auch immer bei mir. Was meinst du?" Die kleine Schnecke konnte ihr Glück gar nicht fassen. Sie hatte tatsächlich ein Tier gefunden, dass mit ihr zusammen etwas unternehmen und den Tag verbringen würde. "Oh ja, das wäre prima!", sagte sie freudestrahlend. Und so verbrachten die Schnecke und die Schildkröte einen wunderschönen Herbsttag zusammen und erfreuten sich gemeinsam an der Schönheit des Waldes und an den tanzenden Herbstblättern, die zu Boden fielen. Als es langsam dunkel wurde verabschiedeten sie sich voneinander und beschlossen auch die nächsten Tage miteinander zu verbringen, denn die Schildkröte kannte noch viele schöne Orte an dem See und die kleine Schnecke freute sich schon darauf der Schildkröte den restlichen Wald zu zeigen.

Die kleine Schnecke machte sich auf den Weg zurück zu ihrer Eiche, an der sie am liebsten ihre Nacht, gemeinsam mit der weisen Eule verbrachte, die ihr immer zuhörte und Mut zusprach. Heute könnte sie ihr berichten, dass sie endlich jemanden getroffen hatte, der sie mag und mit dem sie die nächsten Tage verbringen würde.

Auf dem Weg dorthin erfreute sich die kleine Schnecke noch an den schönen bunten Herbstblättern, die langsam durch den Wind tragend zu Boden fielen. "Ach sieht das schön aus, wenn die Blätter durch die Luft tanzen und das Windspiel ganz leise fast nicht hörbar durch den Wald zieht."

Endlich angekommen, wunderte sich die kleine Schnecke: "Na nu, was ist das denn für ein Erdhaufen an der Eiche?" Gerade gedacht schaut auch schon der Maulwurf aus dem Berg.

"Guten Abend Herr Maulwurf. Kann ich ihnen helfen? Haben sie sich verbuddelt?", fragte die kleine Schnecke.

"In der Tat, in der Tat habe ich mich wohl ein wenig im Weg verirrt.", erwiderte er, "Wo genau bin ich denn jetzt?" "Sie sind gerade an der alten Eiche in dem wunderschönen Wald, hoch oben auf dem Berg, wo die Vögel singen, der Igel sich im Laub versteckt, die Eichhörnchen die Bäume hinaufklettern und am See nicht weit von hier wunderschöne Fische, Frösche und eine außerordentlich liebe Schildkröte zu finden ist. Aktuell haben sie auch wirklich Glück, denn es ist Herbst und die Blätter sind ganz bunt, fallen tanzend zu Boden und das Windspiel, was nur ganz leise zu hören ist, klingt durch den Wald.", erklärte sie dem Maulwurf voller Bewunderung über diesen tollen Ort. "Oh das hört sich aber nach einem wirklich schönen Ort an. Du hast es mir so gut erklärt, als hätte ich es selber gesehen und wie du weißt, können wir Maulwürfe nur sehr wenig sehen und ohne dich wüsste ich gar nicht, wie schön es hier oben ist. Machst du das öfter?" fragte der Maulwurf.„ "Was meinst du?", fragte die kleine Schnecke den

Maulwurf. „Na Geschichten vom Wald erzählen." antwortete der Maulwurf. „Nein, denn ich bin nur eine kleine Schnecke, die langsam durch den Wald kriecht und meine Geschichten würde eh niemand hören wollen." meinte die Schnecke daraufhin. „Schade", sagte der Maulwurf, „ich würde mich freuen, wenn du öfter so tolle Geschichten erzählen würdest. Denn es hört sich so an, als würdest du den Wald gut kennen und hier schon vieles erlebt haben. Vielleicht hast du ja Lust es allen Tieren des Waldes zu erzählen. Sicher würde es auch ihnen Spaß machen dir zuzuhören. Nun muss ich leider weiter. Hab noch einen schönen Abend und hoffentlich bis bald." verabschiedete sich der Maulwurf von der kleinen Schnecke. „Tschüß Herr Maulwurf.", verabschiedete sich auch die kleine Schnecke. Am liebsten hätte die kleine Schnecke noch der Eule von der Idee des Maulwurfs erzählt, aber sie war so müde, dass sie sich direkt in ihr Schneckenhaus verzog und einschlief.

Am nächsten Tag berichtete die kleine Schnecke der Schildkröte, von dem, was der Maulwurf gestern Abend an der alten Eiche zu ihr gesagt hat.

"Warum eigentlich nicht", fragte die Schildkröte, "du hast schon so viel hier im Wald gesehen, tolle Abenteuer erlebt und zudem kannst du soooo schön Geschichten erzählen. Die anderen Tiere im Wald würden sich sicherlich freuen, wenn auch sie deine Geschichten hören können und so haben sie ja auch die Möglichkeit, den Wald mal aus einer anderen Sicht kennen zu lernen." "Meinst du wirklich?" fragte die kleine Schnecke. "Versuche es doch einfach. Ich werde auf jeden Fall dabei sein und ich bin mir sicher, dass auch die anderen Tiere kommen werden und falls nicht, haben wir zwei einen schönen Tag und ein neues Abenteuer erlebt.", antwortete die Schildkröte. "Wenn du meinst, dann versuche ich es mal. Vielleicht freuen sich die anderen Tiere wirklich, wenn ich ihnen Geschichten erzähle und so können sie, obwohl sie nicht mit mir unterwegs waren, meine Abenteuer miterleben.

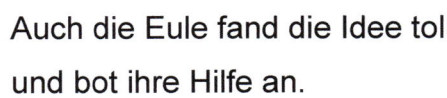

Auch die Eule fand die Idee toll und bot ihre Hilfe an.

Gesagt getan. In den nächsten Tagen überlegten die kleine Schnecke und die Schildkröte, welcher Ort am besten geeignet sei, um den Tieren des Waldes die Geschichten zu erzählen.

Sie suchten und suchten, bis sie an eine Lichtung im Wald kamen. Dort war ein abgeholzter Baumstamm und davor lagen Hölzer, die sich als Sitzplatz für die Tiere des Waldes eignen würden. "Schau mal", sagte die Schildkröte, "Das wäre doch der perfekte Ort.

Du könntest auf dem Baumstamm stehen und die Tiere hätten Platz auf den Hölzern und könnten dich prima sehen und hören." "Du hast recht! Jetzt haben wir den richtigen Ort gefunden und können die anderen Tiere einladen.", antwortet die kleine Schnecke.

Mit der Hilfe der weisen Eule erzählten sie in den nächsten Tagen den Tieren von dem tollen Ereignis und luden sie ein dabei zu sein.

Die kleine Schnecke wurde von Tag zu Tag aufgeregter und überlegte sich, welche Geschichte sie denn zuerst erzählen könnte. Immerhin hat sie schon so viel gesehen und erlebt.

Der Tag war gekommen. Es war ein schöner Herbsttag, an dem der Himmel ganz blau war und die Sonne schien. Die kleine Schnecke kroch auf ihren Baumstamm und als sie oben ankam traute sie ihren Augen nicht.

Alle Tiere waren gekommen und hörten ihr gespannt zu, wie sie von ihren Erlebnissen im Wald erzählte. Als sie mit ihrer

Geschichte fertig war applaudierten alle und jubelten ihr zu. Die kleine Schnecke war so stolz und freute sich. Am Ende bedankten sich die Tiere bei ihr und entschuldigten sich, dass sie sich damals keine Zeit für die kleine Schnecke genommen hatten und fragten sie, ob sie sich nicht regelmäßig Zeit nehmen könnte, um ihnen diese tollen Geschichten zu erzählen. "Das mache ich sehr gerne" antwortete sie. "Danke liebe Schildkröte, dass du mir Mut gemacht hast und wir gemeinsam diesen Tag vorbereitet haben. Ohne dich hätte ich mich das nicht getraut.", sagte sie zu ihrer Freundin. "Ich danke dir für die schönen gemeinsamen Tage und den heutigen schönen Tag. Du bist eine tolle kleine Schnecke und genau richtig, so wie du bist. Ich bin mal gespannt, was wir in den nächsten Tagen zusammen erleben und was du bei deinem nächsten Geschichten Abend erzählst."

Anleitung Phantasiereise

Liebe Eltern,

es freut mich sehr, dass Sie gemeinsam mit ihrem Kind die Phantasiereise erleben möchten. Ich nutze diese Phantasiereise (in etwas abgewandelter Form) gerne in Kindergärten und Schulen und ermögliche den Kindern zur Ruhe zu kommen und ihrer Phantasie freien Raum zu lassen.

Die von den Kindern gestalteten Bilder ermöglichen Ihnen und ihrem Kind einen leichten Einstieg in die Liegeposition. Wenn ihr Kind den Ablauf kennt, wird es sich schon von alleine in die richtige Position legen bzw. kann diese Methode abends auch alleine anwenden, wenn es z.B. Einschlafprobleme hat. Ich habe in der Geschichte den Begriff Unterlage gewählt. Optimal ist es, wenn Sie diesen durch die genaue Beschreibung (z.B. Matratze, Decke, Bett,....) ersetzen, damit sich das Kind damit identifizieren kann und sich wohl fühlt.

Lesen Sie die Geschichte ruhig und gleichmäßig vor, ohne am Satzende mit der Stimme hochzugehen, um keine Spannung während der Geschichte aufzubauen und dem Kind die Möglichkeit der Entspannung zu geben. Lesen Sie die Geschichte intuitiv vor und geben Sie ihrem Kind Zeit, sich die Geschichte in der Phantasie vorzustellen. Besonders der eigene Stern darf viel Zeit und Raum in der Phantasie bekommen.

Wichtig ist: Sie können nichts falsch machen! Aus diesem Grund freuen Sie sich auf die gemeinsame Zeit mit ihrem Kind und die anschließenden wundervollen Eindrücke, die ihr Kind ihnen erzählen wird.

Viel Spaß mit der Geschichte

Deine Phantasiereise zu den Sternen

Lege dich so auf deinen Rücken, dass du gut und bequem liegst.

Deine rechte Hand legst du auf dein Herz,

die linke Hand auf deinen Bauch.

Nun schließe deine Augen und spüre, wie du ruhig ein und ausatmest. Beobachte, wie du kalte Luft ein - und warme Luft wieder ausatmest. Kalte Luft geht hinein und warme wieder hinaus.

Spüre, wie du bei jedem ausatmen ein wenig ruhiger wirst.

Spüre, wie sich dein Herz bewegt.

Nun spüre deine Hand, die auf deinem Bauch liegt und stelle dir vor, unter deiner Hand hat sich eine kleine Sonne versteckt. Sie macht deinen Bauch schön warm. So warm, dass du dich wohlfühlst.

Die Wärme kannst du jetzt auch in deinen Beinen und Füßen spüren.

Auch dein Oberkörper, deine Arme und Hände sind schön warm.

Du liegst ganz ruhig auf deiner Unterlage *(kann durch z.B. Bett, Teppich, Matratze ersetzt werden)*, deine Augen sind geschlossen, du atmest ganz ruhig durch die Nase ein und wieder aus.

Du spürst dein Herz schlagen und dir ist schön warm.

Nun gehen wir gemeinsam auf unsere Reise zu den Sternen. Stelle dir in deiner Phantasie den schönen großen Sternenhimmel vor, mit seinen Millionen von Sternen und Sternchen und jeder Stern sieht anders aus.

Es gibt große Sterne und es gibt kleine Sterne. Es gibt Sterne, die ganz hell leuchten, funkeln und glänzen und andere, die so winzig klitze klitze klein sind, dass du sie von hier unten gar nicht sehen kannst.

Und zwischen all den vielen Sternen, ist auch dein Stern zu finden!

Schau mal genau hin - wie sieht dein Stern aus?

Welche Farbe hat dein Stern? In deiner Phantasie kann dein Stern jede Farbe haben, die du dir vorstellst.

Ist dein Stern groß oder klein? Funkelt, glitzert und glänzt dein Stern, oder ist er so winzig klitze klitze klein, dass nur du ihn sehen kannst?

Schau dir deinen Stern mal ganz genau an.

Du liegst ganz ruhig auf deiner Unterlage *(kann z.B. durch Bett, Teppich, Matratze ersetzt werden)*, deine Augen sind geschlossen, du atmest ganz ruhig durch die Nase ein und wieder aus. Du spürst dein Herz schlagen, dir ist angenehm warm und du stellst dir in deiner Phantasie den wunderschönen Sternenhimmel und deinen ganz besonderen Stern vor

Nun ist es langsam an der Zeit, sich von deinem Stern für den jetzigen Moment zu verabschieden. Du kannst ihn aber immer wieder besuchen. Schließe dazu einfach deine Augen und stelle ihn dir vor.
Nun spüre wieder, wie du auf deiner Unterlage liegst. Spüre noch einmal, wie schön warm es ist, wie dein Herz schlägt. Und nun atme ganz tief ein – bis in deinen Bauch hinein, bewege langsam wieder deine Füße und deine Hände, recke und strecke dich und wenn du magst gähne einmal ganz laut.
Wenn du soweit bist, öffne langsam wieder deine Augen und komme zurück in diesen Raum.
Und? Wie geht es dir? Wie sah dein Stern aus?

Ich hoffe meine kleine Phantasiereise hat Dir gefallen!

Danke

an meine lieben CoAutoren Luna, Marie, Tim und Leonie (v.l.n.r.). Es hat mir unendlich viel Freude bereitet, die Geschichte der kleinen Schnecke mit euch ins Leben zu rufen und durch eure wunderschönen Bilder wird die Geschichte erst richtig lebendig.

Danke auch an Gollan Media für die Umsetzung und das Layout (www.gollan-media.de)